아이디어를 만드는 40가지 원리

TRIZ

07300

9 788997 231430

ISBN 978-89-97231-43-0

정가 17,000원

에디슨은 Why 시행착오를 더 했을까?

31. 다공성 재료의 원리

32. 색깔 변경의 원리

33. 동질성의 원리

34. 폐기 및 재생의 원리

35. 속성변화의 원리

발명원리 40가지

36. 상전이의 원리

37. 열팽창의 원리

38. 산화 가속의 원리

39. 불활성 환경의 원리

40. 복합재료의 원리

21. 고속처리의 원리
22. 해로움을 이로움으로 전환하는 원리
23. 피드백의 원리
24. 매개체 활용의 원리
25. 셀프서비스의 원리

발명원리 40가지

26. 복제의 원리
27. 값싼 일회용품의 원리
28. 기계시스템으로 대체의 원리
29. 공기/수압 사용의 원리
30. 얇은 막의 원리

창의적 해결 순서
나와 같은 상황은?
매핑
세계 최고의 아이디어들
추상화
응용
나의 고민은?
나의 방법들
지식과 경험 부족
시행착오 많다

창의적 해결 순서

(1) 나의 고민은?
원하는 상황은 뭔가요?
현재 상황은 어떤가요?

(2) 나와 같은 상황은?
문제가 어떻게 왜 일어나는 건가요?
문제는 어디서 일어나는 건가요?
문제 주변에 있는 것들을 정리해 보세요.
문제를 간단히 표현해 보세요.

(3) 세계최고의 아이디어들은?
아이디어들을 정리해보세요!
다른 사람들은 어떻게 해결했나요?

(4) 나의 방법들은?
발명원리를 도입해 보세요!
아이디어들을 합쳐보세요!
해결안을 좀더 좋게 개선해 보세요!
상상의 날개를 활짝 펼쳐보세요!

11. 사전 예방의 원리
12. 높이 맞추기의 원리
13. 반대로 하기의 원리
14. 구형화의 원리
15. 역동성의 원리

발명원리 40가지

16. 초과/과부족의 원리
17. 차원 바꾸기의 원리
18. 기계적 진동의 원리
19. 주기적 작용의 원리
20. 지속적인 유용한 작용의 원리

1. 분할의 원리
2. 추출의 원리
3. 국부적 성질의 원리
4. 비대칭의 원리
5. 통합의 원리

발명원리 40가지

6. 다용도의 원리
7. 포개기의 원리
8. 평형추의 원리
9. 사전 반대조치의 원리
10. 사전 조치의 원리

상황에 따른 발명 원리

상 황		발명 원리 40가지
기능의 분리 및 결합	1	1, 5, 6, 7
특정 부분 변경	2	2, 3, 4, 8
미리 변경	3	9, 10, 11, 16, 24, 30
구조의 변경	4	14, 15, 17
작용의 변경	5	12, 18, 19, 20, 21
스스로 변화	6	22, 23, 25, 26, 27, 34
물질의 특성 변경	7	29, 33, 35, 36, 37
재질 및 환경 변경	8	31, 32, 38, 39, 40
기 타	9	13, 28

분리를 위한 발명 원리

4가지 분리 원리		발명 원리 40가지
공간의 분리	S	1, 2, 3, 4, 7, 13, 14, 17, 24, 26, 30
시간의 분리	T	9, 10, 11, 15, 16, 18, 19, 20, 21, 26, 34, 37
조건의 분리	C	28, 29, 31, 32, 35, 36, 38, 39
부분과 전체의 분리	상위시스템으로 P1	5, 6, 23
	하위시스템으로 P2	1, 12, 25, 33, 40
	대체시스템으로 P3	22, 27
	상대시스템으로 P4	8, 13

1

분할의 원리

발명원리 40가지 S | P2 | 1

if... 나누어 본다면?

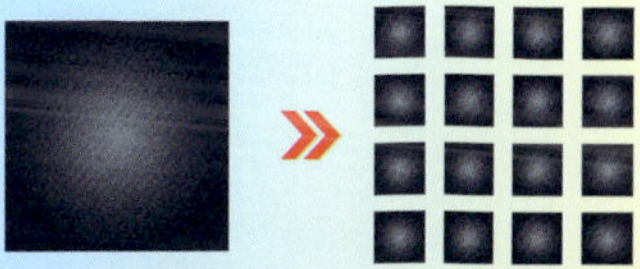

- 사물을 독립적인 여러 부분으로 나눈다.
- 분해 조립이 쉽게 사물을 나눌 수 있게 한다.
- 사물의 분할 정도를 더욱 높인다.

임시 교통신호등의 기둥을 플렉시블 조인트로 여러 개의 파이프를 연결하여 만들면 운반과 설치가 쉽다.

벨트컨베이어가 발전되어 온 과정

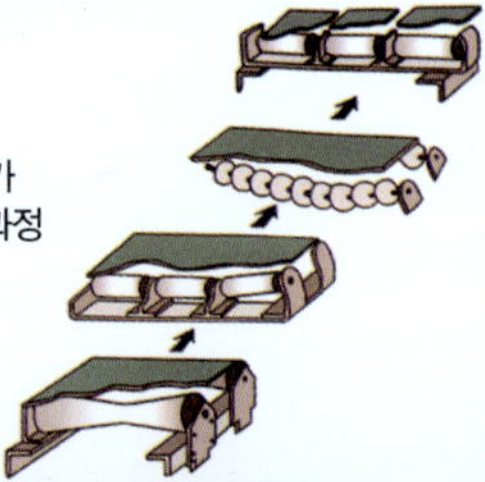

2

추출의 원리

발명원리 40가지 S 2

if... 빼내어 본다면?

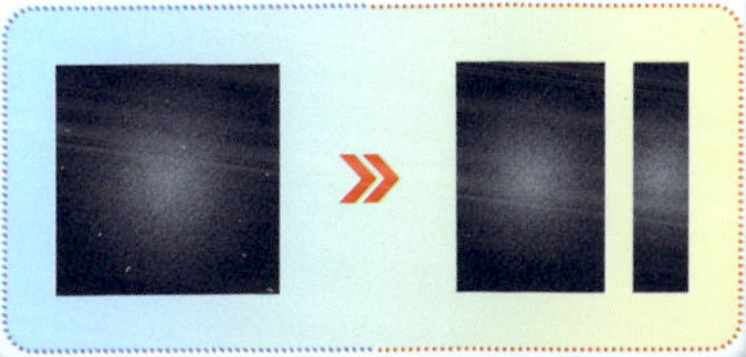

- 사물에서 "방해가 되는" 부분이나 특성을 추출한다.
- 사물에서 "필요한" 부분이나 특성만을 추출한다.

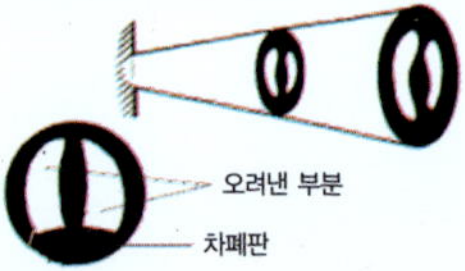

X-ray 촬영에서 방사선에 지나치게 노출되는 것을 막기 위해 필요한 부위만 방사선을 쬐도록 납 차폐판을 사용한다.

광산 구조대원의 의복은 부풀어 오르는 에어백으로 되어 있다. 냉각장치를 별도의 용기로 만들어 바닥에 내려 놓으면 구조대원은 활동하기가 편하다.

3

국부적 성질의 원리

발명원리 40가지 S | 2

if... 일부분만 다르다면?

- 사물이나 외부 환경의 구조를 동질적인 것에서 이질적인 것으로 바꾼다.
- 사물의 여러 부분들이 서로 다른 기능을 수행하게 한다.
- 사물의 각 부분을 작용상 가장 유리한 조건이 되도록 배치한다.

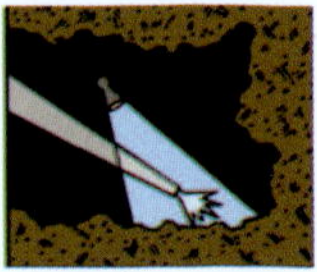

탄광에서 분진을 줄이기 위해 굴착기와 적재기의 작업 장소에 원추형의 물 안개를 분사한다.

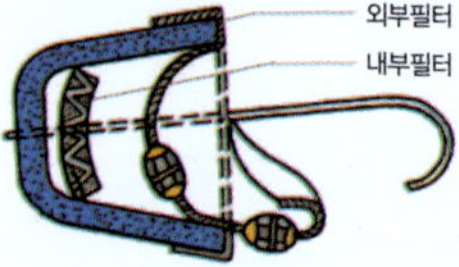

분진 여과기는 다공질의 박막으로 되어 있다. 바깥 여과막은 1차 여과를 위해 구멍이 큰 다공질로 하고, 안쪽은 작은 입자를 걸러내도록 미세한 다공질이다.

4 비대칭의 원리

발명원리 40가지 S | 2

if... 대칭이 아니라면?

- 사물이나 외부 환경의 구조를 동질적인 것에서 이질적인 것으로 바꾼다.
- 사물의 여러 부분들이 서로 다른 기능을 수행하게 한다.
- 사물의 각 부분을 작용상 가장 유리한 조건이 되도록 배치한다.

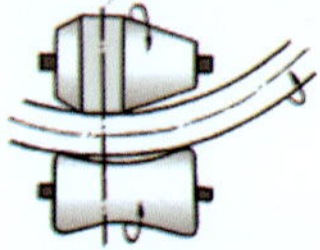

구부러진 철사를 반듯하게 펴는 장치는 두개의 롤러로 되어 있는데, 하나는 면이 볼록하고 다른 하나는 오목하다. 이렇게 Y에 대해 비대칭으로 함으로써 생산성과 품질을 개선할 수 있다.

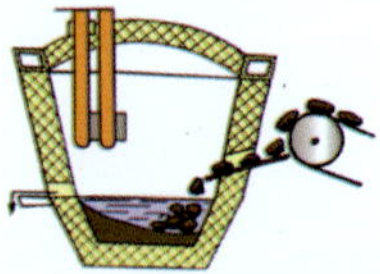

전기로는 전극봉을 비대칭으로 배치하여 광석의 투입과 쇳물의 배출이 연속적으로 이루어지게 한다.

5

통합의 원리

발명원리 40가지 P1 | 1

if... **합쳐본다면?**

- 동질적인 사물 또는 연속적으로 작동하도록 되어 있는 사물을 공간적으로 통합한다.
- 동질적이거나 연속적인 동작을 시간적으로 통합한다.

두 개의 엘리베이터를 결합하여 폭이 큰 화물을 운반한다.

굴착기의 회전식 삽에 설치된 노즐을 통해 뜨거운 증기를 분사하면 언 땅이 녹아 굴착이 쉽다.

6 다용도의 원리

발명원리 40가지 P1 ①

if... 다른용도로 사용한다면?

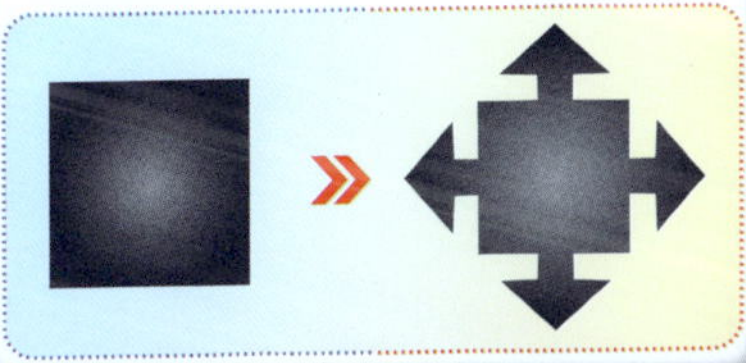

• 한 가지 사물로 여러 가지 다른 기능을 수행하게 한다. 그러면 나머지 다른 요소들을 제거할 수 있다.

모자는 핸드백으로도 사용할 수 있다.

여행용 가방의 손잡이는 다리미로도 사용할 수 있다.

7 포개기의 원리

발명원리 40가지 S | 1

if... 속으로
넣을 수 있다면?

• 한 사물을 다른 사물 속에 넣는다.
그 사물을 또 다른 사물 속에 넣는다.
• 한 사물이 다른 사물의 구멍을 통과한다.

연료 저장을 위한 해양 부유식 저장고는 그 하나에 여러 종류의 기름을 저장할 수 있다.

초음파 집속 장치는 러시아의 '마트레쉬카' 인형세트처럼 포개지는 구조에 의해 그 유효길이를 줄였다.

8

평형추의 원리

발명원리 40가지 P4 | 2

if...

균형을 맞추어 본다면?

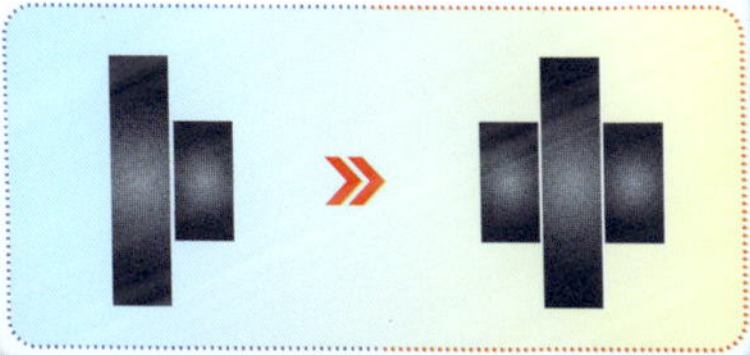

- 사물의 무게를 상쇄하기 위하여 사물에 양력을 내는 다른 사물과 결합한다.
- 사물의 무게를 상쇄하기 위해, 외부 환경의 영향을 받는 공기역학적/유체역학적인 힘을 이용한다.

풍선을 이용하면 강을 횡단하는 임시 케이블을 공중에 띄울 수 있다.

손잡이가 위로 뜨는 페인트 붓

사전 반대조치의 원리

발명원리 40가지 T 3

미리 거꾸로 해둔다면?

• 너무 크거나 바람직하지 않은 응력을 상쇄하기 위해 사물에 미리 응력을 가한다.
• 사물에서 "필요한" 부분이나 특성만을 추출한다.

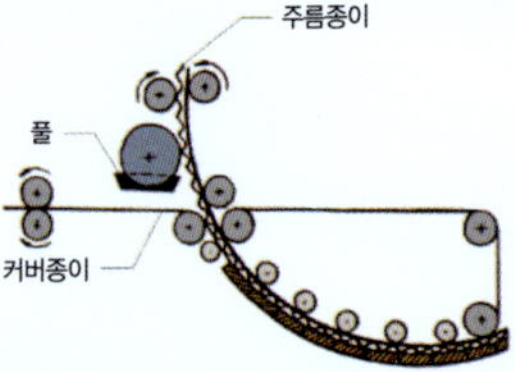

주름 마분지를 생산하는 공정에서, 커버종이를 바깥쪽으로 대고 주름종이를 구부려 붙인다. 접착제가 마르면 마분지가 스스로 평평해 진다.

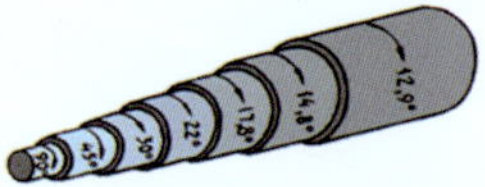

터빈의 복합형 축은 터빈의 회전과 반대 방향으로 미리 비틀어 놓은 여러 개의 파이프로 되어 있다. 축의 중량을 줄이면서도 강도는 높였다.

10

사전 조치의 원리

발명원리 40가지 T 3

if... 미리 해둔다면?

- 사물에 필요한 변화를 미리 (완전히 또는 부분적으로) 가한다.
- 가장 편리한 위치에서 즉시 작동할 수 있도록 사물의 위치를 미리 잡아둔다.

나무를 베기 전에 나무 스스로 물감을 빨아들이게 하면, 목재 내층을 필요한 색상으로 물들일 수 있다.

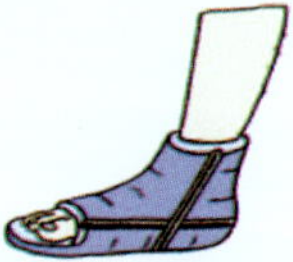

피부 손상 없이 깁스를 제거할 수 있도록 깁스를 만들 때 그 속에 미리 톱날을 넣어두고 나중에 깁스를 잘라내는 데 사용한다.

11 사전 예방의 원리

발명원리 40가지 T | 3

발생하지 않게 하려면?

• 어떤 사물의 신뢰성이 그다지 높지 않은 경우, 미리 준비된 비상수단을 써서 보완한다.

급커브 도로에 사고 방지용 폐타이어를 설치해둔다.

도난을 막기 위해 상표에 자성띠를 삽입한다. 물품이 도난 당하는 순간 경보를 낸다.

12

높이 맞추기 의 원리

발명원리 40가지 P2

if...

들어 올리지 않아도 된다면?

• 사물을 들어올리거나 내릴 필요가 없도록 작업조건을 바꾼다.

컨테이너를 트럭에 직접들어 올려 싣는 대신에 유압 장치로 컨테이너를 약간만 들어올린다. 그러면 트럭 안으로 컨테이너가 미끄러져 들어간다.

커다란 콘크리트 파이프를 운반하는 차량은 파이프를 높이 들어올릴 필요가 없다. 파이프 속에 바퀴를 단 지지대를 삽입하여 조금만 들어올려 목적지까지 옮긴다.

13 반대로 하기의 원리

발명원리 40가지 S | P4 | 9

if... 거꾸로 해보면?

- 문제가 요구하는 직접적 조치 대신에 반대 조치를 취한다.
- 사물이나 외부 환경에서 움직이는 부분을 고정시키고 고정된 부분을 움직이게 한다.
- 사물의 위와 아래를 뒤집는다.

수영하는 사람은 이동하지 않고 그와 반대로 물이 이동하는 수영 연습장

프라이팬 뚜껑에도 전기 버너를 설치하면 위 아래 양면에서 동시에 요리가 이루어진다.

14 구형화의 원리

발명원리 40가지 S | 4

if... 곡면으로 만든다면?

- 직선을 곡선으로, 평면을 곡면으로, 입방체를 구체로 바꾼다.
- 롤러, 볼, 나선형을 이용한다.
- 직선운동을 회전운동으로 바꾼다.

농업에 쓰는 쟁기는 칼날형 대신에 롤러형을 사용한다. 그러면 작업 속도가 두 배나 빨라져 효율적이다.

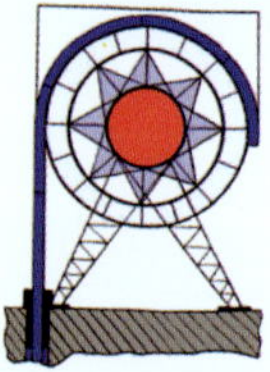

유정탑에는 직경 80~90미터의 바퀴가 있다. 시추공을 뚫는 파이프를 해체하지 않고 이 바퀴에 그냥 감아 올리면 그 작업속도가 여섯 배나 빨라진다.

15 역동성의 원리

발명원리 40가지 T | 4

if...

유연한 구조로 만든다면?

- 사물이나 외부환경 특성을 변화시켜 작동 단계마다 최고의 성능을 내게 한다.
- 움직일 수 없는 사물을 움직일 수 있도록 만든다. 사물을 서로 교환할 수 있게 만든다.
- 사물의 상대 위치를 서로 바꿀 수 있도록 사물을 부분으로 분할한다.

무용 기교를 높여주는 회전 치마에 베어링을 달아 치마가 더 잘 돌아가게 한다.

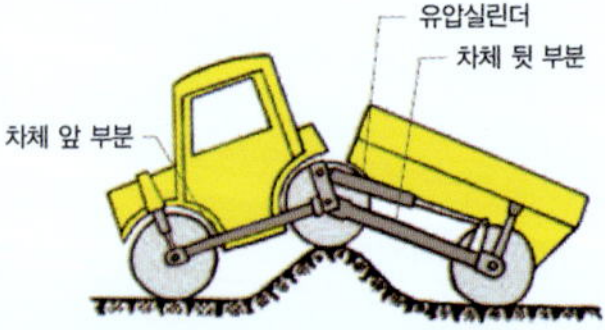

거친 땅을 다니기 위한 유연한 차량

16

초과/과부족의 원리

발명원리 40가지 T 3

if...

많다면?
부족하다면?

• 원하는 효과를 100% 달성하는 것이 어렵다면, 그 보다 많게 또는 적게 달성한다.

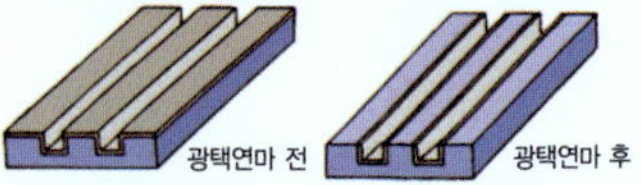

자성 전도체를 만드는 공정에서 세마믹 판 전체에 우선 강자성 물질과 도전성 물질을 흠뻑 바른다. 그 다음 작업에서 여분을 기계로 깍아내면 채널 내부의 꼭 필요한 부분에만 자성 전도성 물질이 남는다.

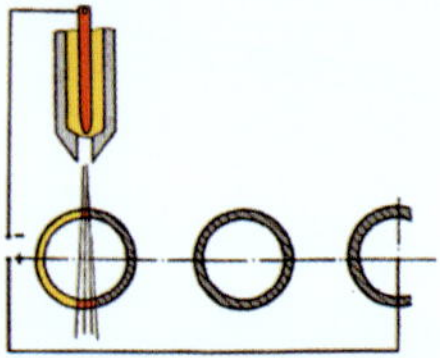

어두워서 플라즈마 절단 과정을 관찰하기 곤란하면, 플라즈마 아크를 '과도한' 불꽃으로 만들어 준다. 그러면 절단 작업 과정이 잘 보여 완벽한 작업이 가능하다.

17 차원 바꾸기의 원리

발명원리 40가지 S | 4

if... 다른 차원을 활용한다면?

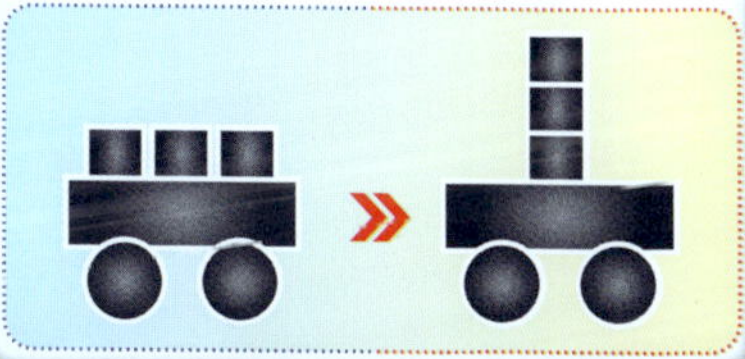

- 사물의 1차원 이동 및 배치를 2차원으로 바꾼다. 2차원을 3차원으로 바꾼다.
- 사물의 다층 구조를 활용한다.
- 사물을 기울이거나 옆으로 눕힌다.
- 표면의 반대쪽을 활용한다.
- 광선을 사물의 주변 영역 또는 반대쪽으로 투사한다.

빙상 경기장의 얼음 깎는 장치를 차량 밑에 설치한다.

햇빛 반사판을 나무 아래쪽에 설치하여 일조량을 효과적으로 증가시킨다.

18

기계적 진동의 원리

발명원리 40가지 T 5

if... 흔들어 준다면?

- 진동을 이용한다.
- 이미 진동이 있다면 그 진동수를 초음파까지 증가시킨다.
- 공명 주파수를 이용한다.
- 기계적 진동을 압전(Piezo)진동으로 바꾼다.
- 초음파 진동을 전자기장과 연계하여 이용한다.

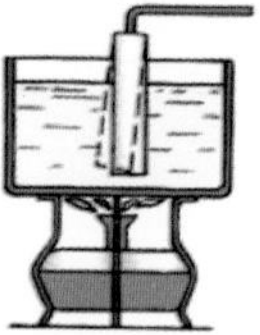

요리시간을 줄이기 위해 난류 또는 낮은 주파수의 음파 진동을 이용한다.

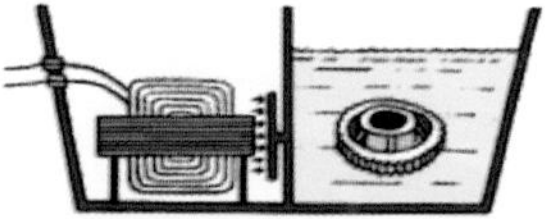

부품을 초음파 진동이 있는 용액 속에서 청소한다.

19

주기적 작용의 원리

발명원리 40가지 T | 5

잠시 쉬는 시간이 있다면?

- 연속적인 작동을 주기적 순간작동(임펄스)으로 바꾼다.
- 작동이 이미 주기적이면 그 주파수를 바꾼다.
- 추가적인 작동을 제공하기 위해 임펄스 사이의 쉬는 시간을 이용한다.

임펄스식 급수 스프링클러는 작은 물방울을 만들어 토양의 훼손을 막는다.

높은 굴뚝 대신에 임펄스를 사용해 굴뚝을 짧게 할 수 있다. 고리 모양의 연기는 3000미터까지 올라갈 수 있다.

20 지속적인 유용한 작용의 원리

밭명원리 40가지 T 5

쉬는 시간이 없다면?

●●● » ●●●

- 중단 없이 작동하게 한다.
  사물의 모든 부분들을 최대 성능으로 계속해서 작동하게 한다.
- 헛된 동작 또는 중간 동작을 제거한다.
- 전진/후퇴의 왕복 동작을 회전 동작으로 바꾼다.

납땜 장치는 연속적인 작업이 가능하도록 롤러 형태의 납땝팁을 가지고 있다.

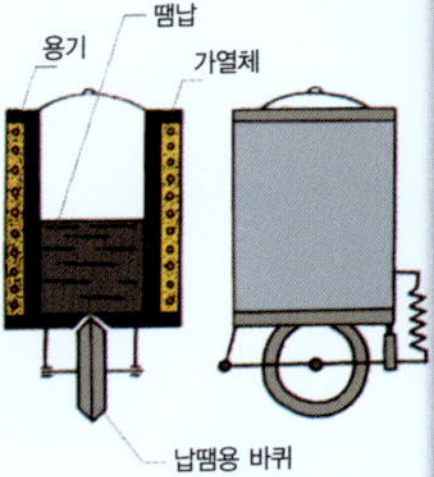

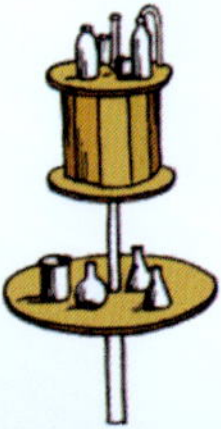

실험실에서 사용하는 회전식 탁자

21 고속 처리의 원리

발명원리 40가지 T 5

if...

어느 순간 빠르게 한다면?

• 해롭고 위험한 작용은 고속으로 처리한다.

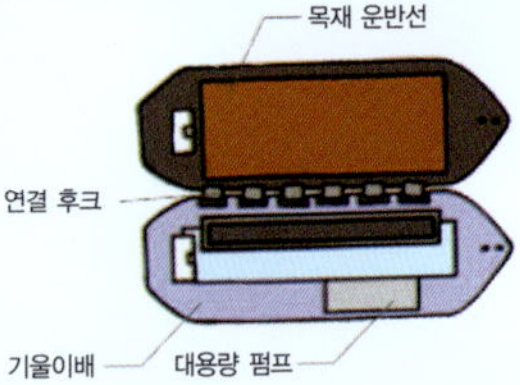

목재를 하역하기 위해서 짐배(barge)를 불안전한 높은 각도로 기울어지게 해야 한다. 짐배를 급격히 움직이게 하면 더 안전한 각도로 기울어지게 할 수 있다. 그러기 위해 기울이배(tilter)에서 물을 급속히 퍼낸다.

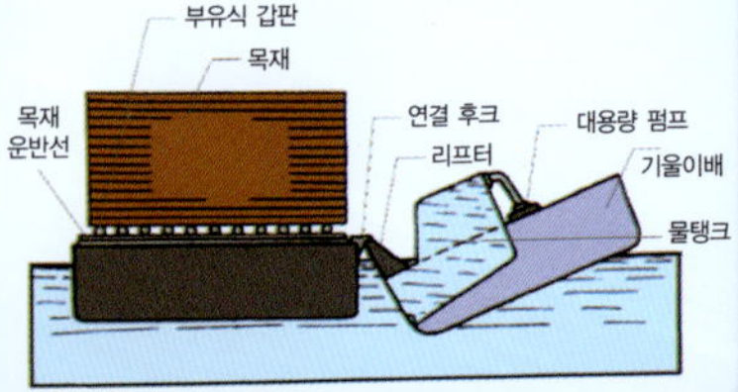

22 해로움을 이로움으로 전환하는 원리

발명원리 40가지 P3 ⑥

if... 나쁜것도 좋게 한다면?

- 바람직한 효과를 얻기 위해, 해로운 인자 (특히, 환경적 인자)를 활용한다.
- 하나의 해로운 인자를 다른 해로운 인자와 결합시켜서 제거한다.
- 해로움이 사라질 때까지 해로운 작용의 정도를 더욱 증가시킨다.

낡은 건물을 폭파하기 전에 그 둘레에 깊은 도랑을 판다. 폭발이 일어나 최초의 충격파가 도랑에 도달하면 그 충격파가 도랑에서 반사되어 뒤따르는 큰 충격파를 상쇄시킨다.

선천적으로 생긴 붉은 반점을 제거하기 위해, 붉은 반점을 보상하는 초록색 물감을 피부에 주입한다.

23 피드백의 원리

발명원리 40가지 P1 | 6

if... 결과를 알 수 있다면?

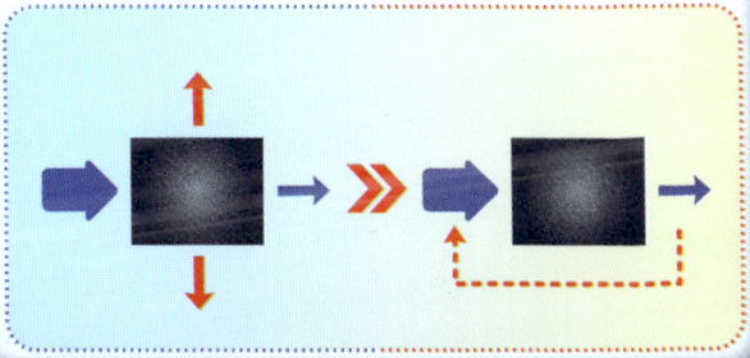

- 피드백을 도입한다.
- 피드백이 이미 존재하면 그것을 변화시킨다.

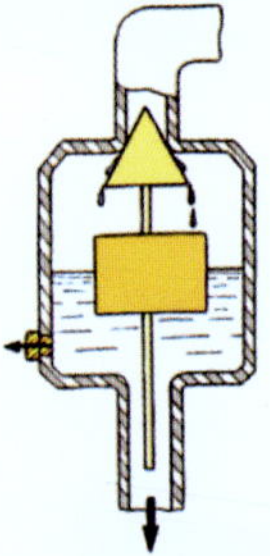

엔진 기화기의 연료 수위는 연료통 안에 들어 있는 부유 밸브에 의해 저절로 조절된다.

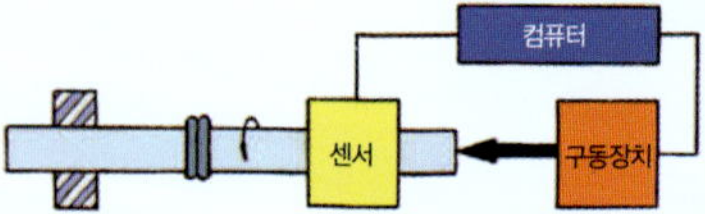

마찰 용접에서는 두 용접면 사이의 마찰계수에 의해 마찰 압력을 조절한다.

24

매개체 활용의 원리

발명원리 40가지 S 3

if...

뭔가가 대신 해 준다면?

• 매개체를 사용하여 작용을 전달하거나 수행한다.
• 쉽게 제거할 수 있는 사물을 원래 사물에 임시로 연결한다.

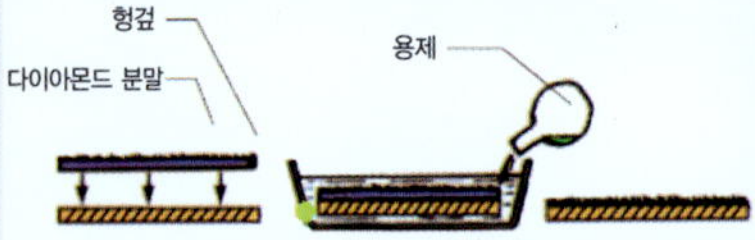

단일층으로 된 얇은 다이아몬드판을 만들기 위해, 헝겊에 다이아몬드 분말을 바른다. 그리고 이 헝겊을 판에 붙인다. 그런 다음헝겊을 아세톤으로 녹인다.

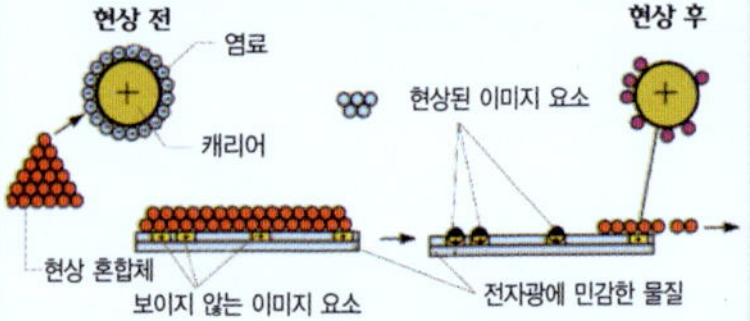

건식 현상기에는 양전하를 띤 '캐리어' 라는 유전체(球)가 있다. 구 표면을 음전하의 염료 입자로 둘러싼다. 현상 과정에서 염료입자는 사진층에 숨은 영상이 지닌 강.

25

셀프 서비스의 원리

발명원리 40가지 P2 | 6

if...

스스로 할 수 있다면?

- 사물이 스스로 서비스 하거나 보충 및 수리 작업을 수행한다.
- 버리는 재료와 에너지를 이용한다.

잠수부가 사용하는 산소탱크의 공기압은 200psi이다. 공기가 폐에 도달할 때까지 그 압력을 3~4psi로 떨어뜨려야 한다. 그렇게 하기 위해 압축공기를 잠수부가 등에 착용하는 지느러미형 추진장치 안으로 통과시킨다. 그러면 수중 항해거리가 늘어난다.

V자 모양의 콘크리트 하천 댐은 지진이 일어날 때에 스스로 틈새를 메우는 작용을 한다. 모래 속으로 댐이 내려앉게 된다.

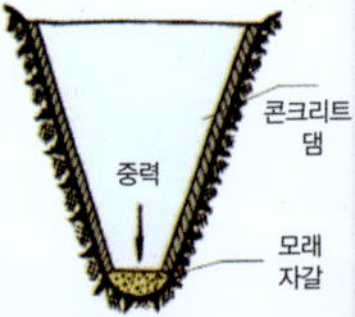

26

복제의 원리

발명원리 40가지 T S 6

if...

값싼 똑같은 것이 있다면?

- 깨지기 쉽고 다루기 불편한 원래의 제품 대신에 단순하고 값싼 복제품을 사용한다.
- 가시광선이 사용되고 있으면 적외선 또는 자외선으로 바꾼다.
- 사물을 광학적 이미지로 바꾼다. 그러면 그 이미지를 축소하거나 확대할 수 있다.

의사는 입체경(stereoscope)을 사용하여 3차원 영상으로 환자를 관찰할 수 있다.

열차 위에 실은 통나무의 크기를 측정하는 방법 : 사진을 직은 다음, 사진으로 각 통나무의 크기를 측정한다.

27

값싼 일회용품의 원리

발명원리 40가지 P3 6

if... 값이 아주 싸다면?

• 값비싼 사물을 값싼 사물로 바꾸고 다른 특성들과 타협하는 상황으로 한다.

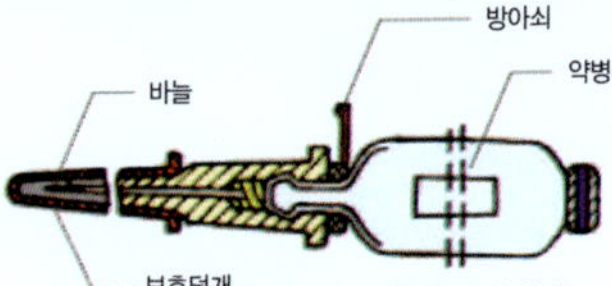

〈 일회용 주사바늘 〉

〈 일회용 쥐덫 〉

〈 종이 옷 〉

28 기계시스템으로 대체의 원리

발명원리 40가지 C | 9

if... 다른 에너지를 사용하면?

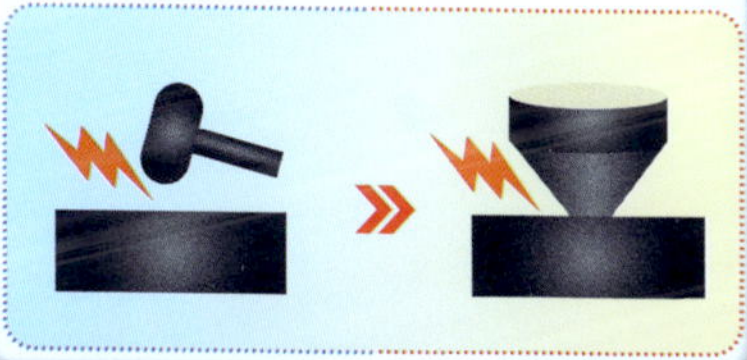

- 기계시스템을 광학, 음향, 열, 후각 시스템으로 대체한다.
- 사물을 전기장, 자기장 또는 전자기장과 상호작용하게 한다.
- 장(field)을 다음과 같이 대체한다.
  - 움직이지 않는 장을 움직이는 장으로
  - 고정된 장을 시간에 따라 변화하는 장으로
  - 불규칙한 장을 구조화된 장으로
- 장을 강자성 입자와 연계하여 사용한다.

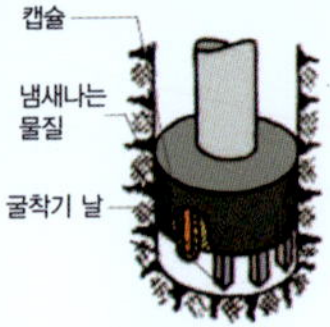

굴착기의 날이 파손되는 시점을 알아내기 위하여 냄새를 이용한다.

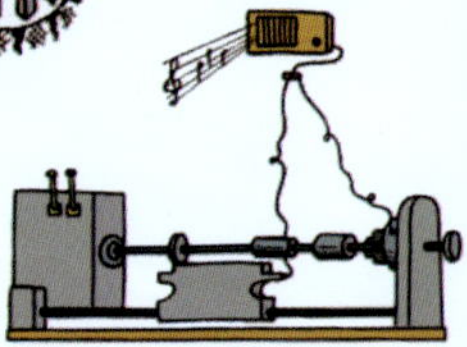

스피커를 이용해서 광택공정을 감시할 수 있다. 스피커에서 나는 색다른 소리는 작업이 종료되었음을 뜻한다.

29

공기/수압 사용의 원리

발명원리 40가지 C | 7

공기나 물을 이용한다면?

• 사물의 고체 부분을 기체나 액체로 바꾼다. 그러면 공기나 물을 사용하여 팽창되거나, 공기 쿠션 또는 수압 쿠션을 사용할 수 있다.

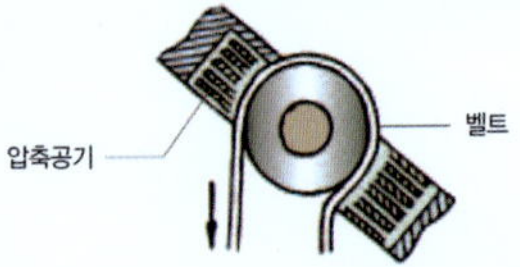

압축공기를 사용하여 벨트가 롤러에 잘 밀착되게 한다.

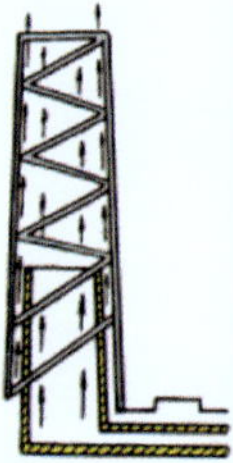

공기 커튼이 굴뚝의 벽을 대신할 수 있다.

자동차의 안전 에어백

30

얇은 막의 원리

발명원리 40가지 S | 3

얇은 막을 이용 한다면?

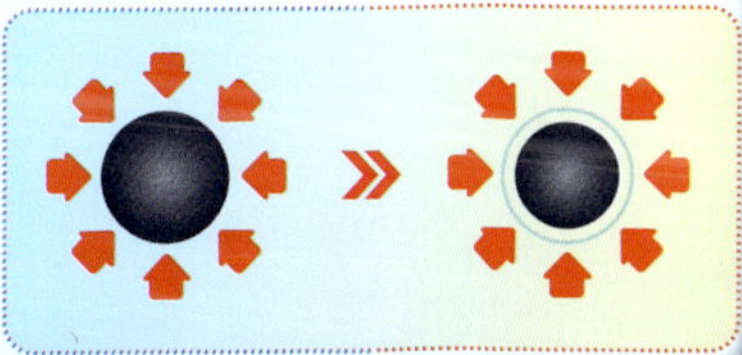

- 통상적인 구조물을 유연한 막이나 얇은 필름으로 바꾼다.
- 유연한 막이나 얇은 필름을 이용하여 사물을 외부 환경과 격리시킨다.

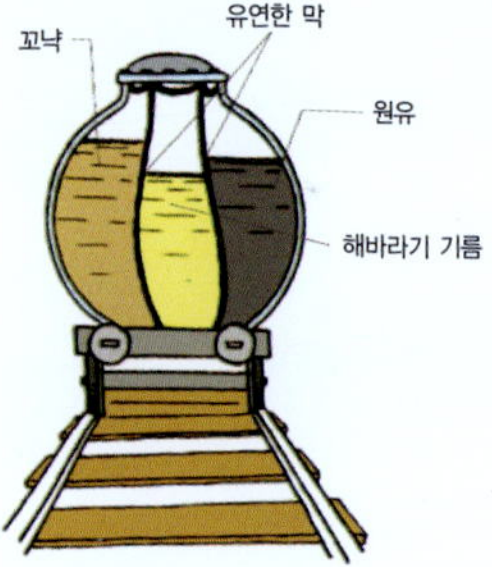

얇은 고무 필름으로 감싼 전구는 높은 충격에도 견딜 수 있다.

31

다공성 재료의 원리

발명원리 40가지 C 8

if... 내부에 구멍이 많다면?

- 사물을 다공질 재료로 만든다.
또는 보충적인 다공질 요소를 사용한다.
- 만일 사물이 이미 다공질이면 그 구멍들을 미리 어떤 물질로 채운다.

점성 높은 물질이 표면에 부착되는 것을 방지하기 위해 벽을 다공질 재료로 만들고 그것을 통해 특수 물질을 펌프질 한다.

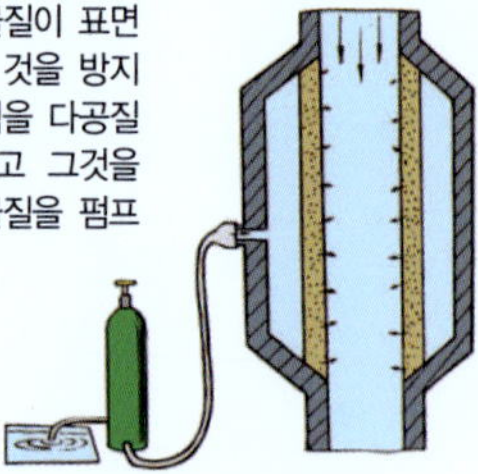

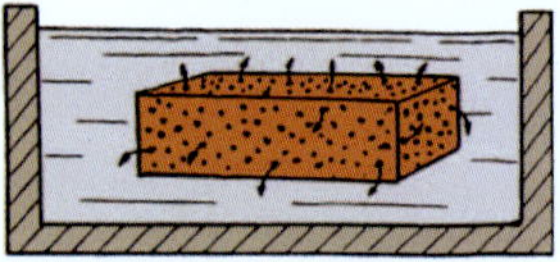

첨가제를 머금은 벽돌을 이용하여 용융상태의 금속에 첨가제를 혼합할 수 있다.

32 색깔 변경의 원리

발명원리 40가지 C | 8

if... 색깔을 바꾼다면?

- 사물이나 외부환경의 색깔을 바꾼다.
- 사물이나 외부 환경의 투명도를 바꾼다.
- 관찰하기 어려운 사물이나 과정을 관찰하기 위해 유색 첨가제를 사용한다.
- 만약 그러한 첨가제가 이미 사용되고 있다면 발광 추적자 또는 추적 원자를 이용한다.

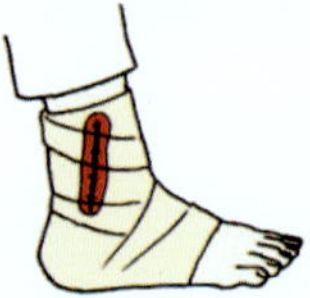

붕대를 투명한 재료로 만들어 상처를 관찰하기 쉽게 한다.

금속 제련공장에서는 자외선으로부터 작업자를 보호하기 위하여 색깔있는 물 커튼을 이용한다.

33

동질성의 원리

발명원리 40가지 P2 | 7

if... 같은 재료를 사용 한다면?

• 본체와 상호작용하는 주변 사물을 본체와 동일한 재료로 만든다.

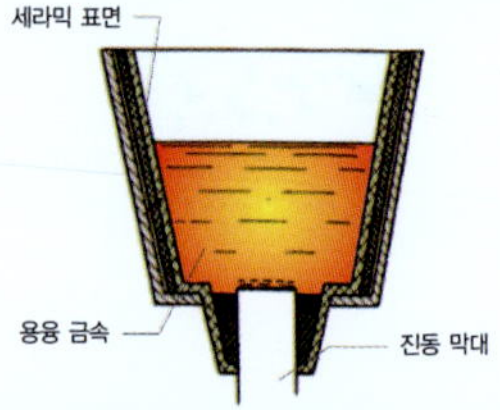

용융금속에 초음파를 전달하는 진동막대는 용융금속의 열에 의해 막대의 접촉면이 무르게 된다. 금속의 오염을 막기 위해 진동막대를 용융금속과 동일한 재료로 만든다.

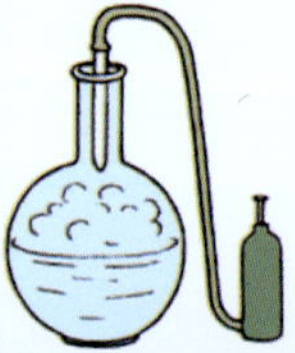

흡열반응에 필요한 열을 내부로 전달하는 방법 : 플라스크와 동일한 재료의 고온 증기를 플라스크 내부로 공급한다. 이 증기가 반응에 필요한 열을 전달한다.

34 폐기 및 재생의 원리

발명원리 40가지 T 6

if... 다 사용한 것을 버린다면?

- 사물의 요소가 그 기능을 마쳤거나 쓸모 없게 되면, 그 요소를 폐기하거나 (버리기, 녹이기, 증발시키기) 또는 작동 도중에 변경한다.
- 사물 중에서 이미 사용된 부분을 작동 중에 원 위치한다.

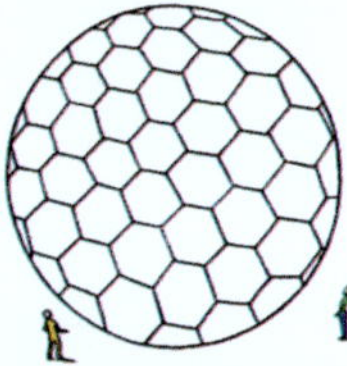

철망 위성 안테나를 궤도에 올릴 때, 압축 공기로 안테나를 부풀린다. 공기가 신축성 필름을 펼치므로 안테나는 공모양이 된다. 우주공간의 진공상태와 태양광선에 의해 필름이 찢어지면, 안테나는 라디오파를 반사시킬 수 있다.

극히 작은 용수철을 만드는 방법 : 철사를 신축성 재료의 심(心)위에 감고 나중에 용제로 그 재료를 녹여 제거한다.

35

속성 변화의 원리

발명원리 40가지 C | 7

if... 응집 상태를 바꾼다면?

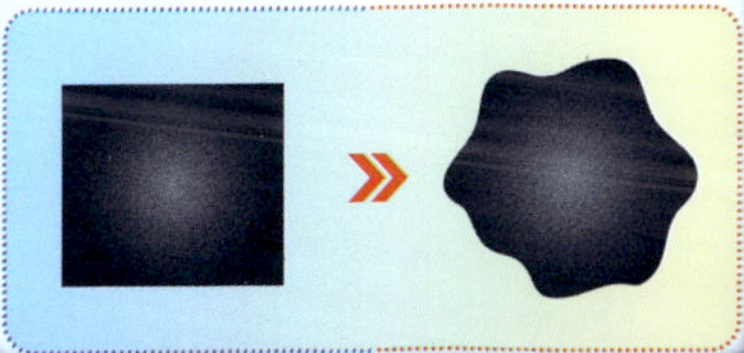

- 시스템의 물리적 상태를 바꾼다.
- 농도나 밀도를 바꾼다.
- 유연성의 정도를 바꾼다.
- 온도나 부피를 바꾼다.

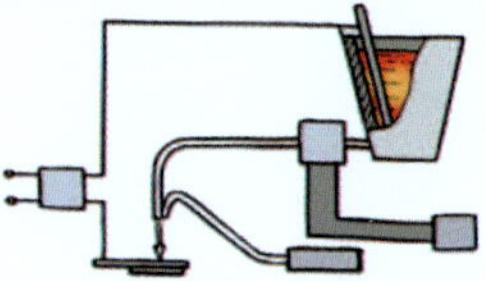

아크 용접기는 전자기 펌프가 공급하는 액체금속 증기 형태의 전극을 가지고 있다.

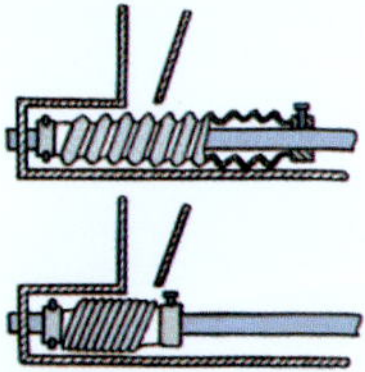

액체나 분체를 공급하는 장치의 스크류는 나사산이 신축성 있는 재료로 되어 있어 그 피치를 쉽게 조정할 수 있다.

37

열팽창의 원리

발명원리 40가지 T 7

if...

열팽창을 이용 한다면?

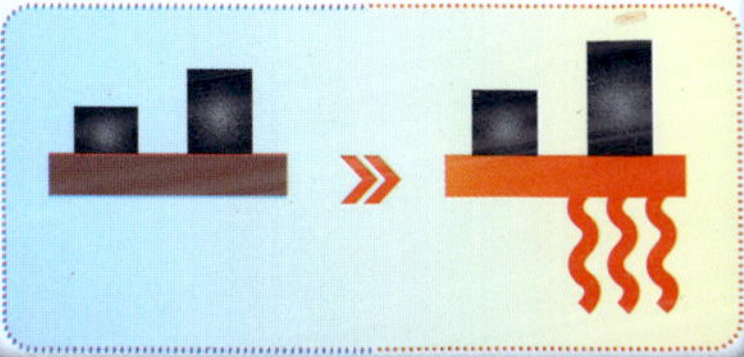

• 온도 변화에 의한 물질의 팽창 및 수축을 이용한다.
• 열팽창 계수가 다른 여러가지 재료를 이용한다.

바이메탈 띠 온도계

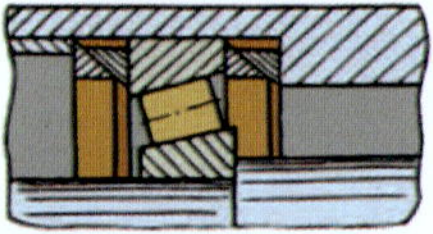

열팽창 때문에 생기는 베어링의 틈새를 열팽창 계수가 다른 두 개의 원뿔형 링으로 보상할 수 있다.

38 산화 가속의 원리

발명원리 40가지 C | 8

if...

산소의 활성을 높인다면?

• 한 수준의 산화로부터 더 높은 수준의 산화로 바꿔간다.

a. 일반 공기를 산화 공기로
b. 산화 공기를 산소로
c. 산소를 이온화 산소로
d. 이온화 산소를 오존화 산소로
e. 오존화 산소를 오존으로
f. 오존을 활성산소(Singlet Oxygen)로

잠수함의 연소식 엔진에서 오존은 산화제로 작용하여 연료의 완전 연소가 가능하다.

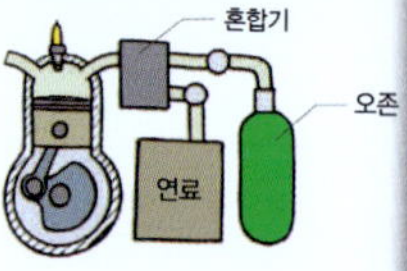

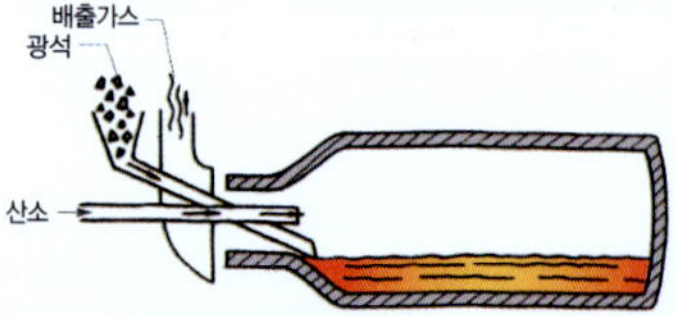

용융상태의 광석으로부터 주철을 직접 얻기 위해 가마에 순수한 산소를 공급한다.

39

불활성 환경의 원리

발명원리 40가지 C | 8

if... 반응을 못하게 차단하면?

• 정상적인 환경을 불활성 환경으로 바꾼다.
• 사물에 중성 물질이나 중성 첨가제를 넣는다.
• 작업을 진공에서 수행한다.

화재가 났을 때, 불을 산소와 격리하기 위해 거품을 사용한다.

용접할 때, 봉합선이 산화되는 것을 방지하기 위해 불활성 기체로 용접 아크를 둘러싼다.

40

복합재료의 원리

발명원리 40가지 P2 | 8

if... 다양한 재료로 만든다면?

• 동질성 재료를 복합 재료로 바꾼다.

납땜의 강도를 증가시키기 위해 융점이 높은 금속 섬유를 땜납 속에 넣는다.

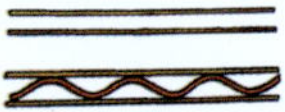

마분지와 주름 종이를 조합하여 견고한 포장지를 만들 수 있다.

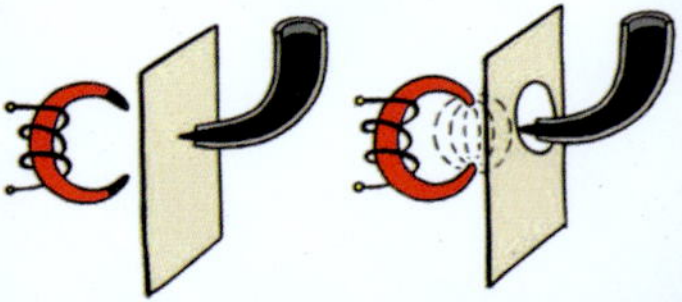

자기장을 이용하여 자성 잉크로 영상을 그린다.